W0067930

Astrid Göpfrich

# *Kleine* Katzenphilosophie

## Was wir von Katzen lernen können

Mit Illustrationen von Toni Hamm

arsEdition

# Einige Worte vorweg

Dieses Buch ist nicht objektiv. Es ist von einem jener Menschen geschrieben, die dem Charme der Katzen vollkommen erlegen sind. Kein Wunder, schließlich sind unsere pelzigen Gefährten einfach unübertrefflich.

Doch es geht auf den folgenden Seiten nicht nur darum, über welch bemerkenswerte Eigenschaften unsere Samtpfoten verfügen. Vielmehr werden wir einen Blick darauf werfen, warum Katzen die besten Lehrmeister sind, die wir je hatten: klug, geduldig, entspannt und dabei herrlich skurril. Und nicht zuletzt überaus nachsichtig mit den Schwächen ihrer Schüler, die ihre Lektionen manchmal einfach nicht verstehen wollen …

## Willkommen in der wunderbaren Welt der Katzen-Philosophie!

*Ich habe Katzen wahnsinnig gern*
*wegen ihrer Schönheit, ihrer Leidenschaften,*
*ihrer viel gelobten Unabhängigkeit und ihrer*
*Fähigkeit zur Hingabe.*

Joyce Carol Oates

# Inhalt

# Ein Loblied auf unsere lässigen Lebensbegleiter

Wie haben diese pelzigen, eigenwilligen und verrückten Wesen es bloß geschafft, unser beliebtestes Haustier zu werden?

Sie liegen den größten Teil des Tages herum, hinterlassen dabei Katzenhaare in unseren Betten, strafen uns mit Nichtbeachtung, wann immer ihnen danach ist, gehen ein und aus, wie es ihnen gefällt, und kümmern sich obendrein hauptsächlich um ihren Spaß und ihr eigenes Wohlbefinden.

Dennoch ist die Freundschaft zwischen uns und diesen zuweilen auch sehr sanftmütigen Wesen viel älter, als wir gemeinhin denken, denn sie entstand nicht erst im alten Ägypten. Schon vor etwa 12 000 Jahren waren Katzen im Nahen Osten als Mäusefänger beliebt.

Warum sind die geheimnisvollen Wesen also so populär? Wieso leben die Stubentiger in einem Viertel der deutschen Haushalte, obwohl sie inzwischen nicht einmal mehr unsere Kornvorräte verteidigen?

Ist es die Kombination aus einem unabhängigen
Wesen, ihrer anmutigen Erscheinung und der mys-
teriösen Ausstrahlung, die Katzen für uns zu etwas
Besonderem macht? Oder fasziniert uns ihre innere
Ruhe und Ausgeglichenheit, weil wir diese auch so
gerne finden würden?
Eine Katze ist niemandes Eigentum. Wir müssen uns
jeden Tag ihre Liebe verdienen, ansonsten wird sie
sich einen besseren Platz zum Leben suchen. Deshalb wird in diesem Buch auch nicht von Frauchen
oder Herrchen oder gar von Katzenbesitzern die
Rede sein, sondern eher von Begleitern, Katzenmenschen oder Katzenliebhabern.

# Von Katzen können wir lernen, im Moment zu leben

Sie belasten sich nicht mit Zukunftssorgen oder Themen aus der Vergangenheit. Genau genommen belasten sie sich überhaupt nicht mit irgendetwas. Katzen sind vielmehr Meister der inneren Versenkung. Ihre gemütliche Siesta auf der sonnigen Fensterbank verbreitet eine friedliche Atmosphäre, die mit etwas Glück auch auf uns Stressgeplagte abstrahlt. In ihrer beruhigenden Gegenwart schaffen wir es vielleicht endlich einmal, abzuschalten und die Arbeit für einen Moment ruhen zu lassen.

Denn Katzen sind wahre Experten, was Entspannung, Selbstfürsorge und Gelassenheit anbelangt. Sie wissen genau, wie man das Leben in vollen Zügen genießt und auf sich selbst achtgibt. Ihre Unabhängigkeit und ihr selbstbewusstes Wesen können uns inspirieren, mutig unseren eigenen Weg zu gehen.

*Ebenso bemerkenswert* ist die Neugier der Samt-pfoten. Unsere Katze Mira steckt ihre Nase in jeden Karton, beschnuppert alle Besucher und stürzt sich mit einer Begeisterung auf simple Gegenstände, als hätte sie gerade einen sagenhaften Schatz entdeckt – dabei ist es nur ein einfacher Grashalm. Wir können viel von dieser kindlichen Neugier lernen, wenn wir es schaffen, auf die Fragen des Lebens einen wert-freieren Blick zu werfen.

Unsere Katze ist zudem eine wahre Expertin da-rin, ihre Wünsche zu kommunizieren. Wenn Mira Hunger hat, miaut sie in einer Lautstärke, die einem weit größeren Klangkörper als ihrer zarten Gestalt zu entspringen scheint.

Ihre Missbilligung zeigen die Miezen durch vernich-tende Blicke oder zuweilen auch mit einem Kratzer im teuren Ledersofa. Letzteres sollten wir vielleicht nicht unbedingt nachmachen. Doch es schadet keinesfalls, mehr auf seine eigenen Bedürfnisse zu achten und diese anderen auch mitzuteilen.

## Es ist unbestritten: Katzen haben Charakter

Sie verfügen über unzählige positive Eigenschaften, die auch für uns von Bedeutung sein können. In diesem Buch werden wir daher tiefer in die unbeschwerte Welt unserer Fellphilosophen eintauchen, um von ihrer Weisheit, aber auch von ihren zuweilen etwas eigenwilligen Charakterzügen zu lernen. Wir werden ihre Lebenskünstlerlehre ergründen und herausfinden, wie wir diese für uns selbst nutzen können. Mit viel Wohlwollen, einem Augenzwinkern und garantiert auch ein paar Katzenhaaren dazu.

Selbstfürsorge

Spielfreude

Instinkt

Freiheitsliebe

Unabhängigkeit

Flexibilität

Verschmustheit

Gewitztheit

Ruhebedürfnis

Neugier

Gelassenheit

Zähigkeit

Bindungsfähigkeit

Entspannung

*Unter ihrem Pelz
lebt unverändert eine der
freiesten Seelen der Welt.*

Eric Gurney

# Freiheit
## und Individualität

In der Stille der Nacht,
wenn die Welt zur Ruhe kommt,
erwacht ihr wildes Wesen aus alten Zeiten.
Sie schlüpft lautlos aus dem Haus,
überwindet mühelos Zäune und Mauern,
streift durch Gärten und Wiesen.
Kennt keine Grenzen, keine Regeln, keine Fesseln.
Sie ist allein, braucht niemanden außer sich selbst.

*Wirklich?* Stimmt das Bild, das wir von unserem liebsten Haustier haben, mit dem wahren Wesenskern der Katzen überein? Neuere Forschungen legen nahe, dass unsere Miezen sich viel stärker an Menschen binden, als bisher vermutet. In Tests miauten kleine Katzen in Abwesenheit ihrer menschlichen Begleiter mehr und zeigten sich deutlich gestresster. Sie hörten erst damit auf, wenn ihre Bezugspersonen wieder im Raum waren. Die Kätzchen, so die Forscher, würden sich auf ähnliche Weise an ihre menschlichen Begleiter anschließen wie Kinder an ihre Eltern.

Sind unsere kleinen Raubtiere also doch nicht so frei und unabhängig, wie wir bislang gedacht haben?

*Auch wenn* unsere pelzigen Mitbewohner nicht ständig unsere Aufmerksamkeit brauchen, wird jeder Katzenliebhaber bestätigen, dass sein Tier sich stärker an ihn bindet, als es das Bild vom unabhängigen Wesen vermittelt.

Wann immer ich verreist war, ignorierte unser Kater Bruno mich bei meiner Rückkehr mit beleidigter Miene und wandte sich »zur Strafe« demonstrativ meinem Partner zu. Katzen sind zwar nicht unbedingt Rudeltiere, fühlen sich aber am wohlsten, wenn wir Menschen bei ihnen sind. Sie suchen aktiv unsere Nähe, streifen um unsere Beine, springen auf den Schoß oder reiben zur Begrüßung ihr Schnäuzchen an unserer Hand. In der Verhaltensforschung gelten solche Berührungen bereits als sichere Bindungsmerkmale.

Auch Brunos Nichtbeachtung währte meist nicht allzu lange: Wenn ich mich, von der Reise müde, aufs Sofa legte, stürzte er sich bald auf mich und warf sich voller Hingabe an meinen Hals. Von eingeschnapptem Einzelgänger keine Spur mehr!

Bin kein sittsam Bürgerkätzchen,
nicht im frommen Stübchen spinn ich.
Auf dem Dach in freier Luft,
eine freie Katze bin ich.

Heinrich Heine

# Frei und gebunden zugleich?

Die Verknüpfung dieser beiden widerstrebenden Eigenschaften ist eine Kunst, die wir von unseren Samtpfoten lernen können. Viele Menschen stürzen sich heute in hektische Betriebsamkeit und haben Schwierigkeiten, allein zu sein. Doch in der Zurückgezogenheit finden wir die Kraft für neue Aufgaben. Das freie Wesen der Katzen kann uns darin bestärken, öfter unseren eigenen Weg zu gehen und eigene Entscheidungen zu treffen. Wir sollten uns nicht davon abhalten lassen, etwas zu tun, was uns gefällt, auch wenn es nicht immer dem entspricht, was andere von uns erwarten.

Dennoch ist es wichtig, stabile Bindungen zu anderen Menschen aufzubauen, wie die Samtpfoten dies zweifellos zu ihren Menschen tun. Bindungen geben uns nicht nur Sicherheit, sondern auch die Möglichkeit, gemeinsam zu lachen oder unsere Sorgen mit anderen zu teilen. In der Bindung frei zu bleiben, ist die Philosophie, die uns unsere Katze jeden Tag lehrt!

# Genieße (je-)den Augenblick!

»Wenn ich stehe, dann stehe ich; wenn ich gehe, dann gehe ich; wenn ich sitze, dann sitze ich …« Diese Weisheit eines Zen-Meisters, der gefragt wurde, warum er denn so sehr in sich ruhe, haben unsere Stubentiger ganz selbstverständlich verinnerlicht. Katzen sind wahre Experten darin, sich voll und ganz auf das zu konzentrieren, was sie in diesem Moment gerade tun. Ob sie nun genießerisch in der Sonne dösen oder voller Leidenschaft einer Libelle nachjagen – sie gehen ausnahmslos in dieser Tätigkeit auf und denken dabei vermutlich nicht an etwas Unangenehmes wie den angriffslustigen Kater aus der Nachbarschaft. Sollte dieser aber plötzlich durch die Hecke brechen, richten sie ihren Fokus sekundenschnell auf ihn.

Könnten unsere pelzigen Zen-Gelehrten sprechen, würden sie auf die Frage, warum sie nie gestresst wirken, vermutlich antworten:

»Wenn ich döse, döse ich, wenn ich jage, jage ich, wenn ich mit dem Nachbarskater raufe, raufe ich …«

*Katzen* leben aber nicht nur im Moment, sie akzeptieren die Dinge auch, wie sie nun einmal sind. Im Gegensatz zu uns regen sie sich nicht lange darüber auf, dass eigentlich alles ganz anders sein sollte. Es regnet den ganzen Tag in Strömen, und sie können nicht in den Garten, ohne ein nasses Fell zu riskieren? Kein Problem, dann legen sie eben einen Schlummertag ein, statt wild um die Häuser zu ziehen. Und anders als wir Menschen hadern sie auch nicht mit dieser Planänderung, sondern träumen zufrieden vor sich hin.

Von unseren Samtpfoten können wir lernen, uns bewusst auf das zu konzentrieren, was gerade geschieht. Dadurch reduzieren wir unseren Stress und gewinnen mehr Freude im Alltag. Wir können die kleinen Dinge des Lebens wieder mehr schätzen und unseren Geist weniger mit der Vergangenheit oder mit Zukunftssorgen belasten.

Das ist einfach gesagt, doch in der stressigen Realität des Alltags oft schwer umzusetzen.

## Diese fünf vergnüglichen Übungen können dabei helfen, mehr im Augenblick zu verweilen:

- Gehen Sie auf eine Wiese und sehen Sie sich zehn Minuten lang eine Blume in allen wunderbaren Einzelheiten an.

- Verstecken Sie Ihr Smartphone eine Stunde lang in einer Schublade und achten Sie darauf, was sich verändert.

- Setzen Sie sich irgendwo auf eine Schaukel und genießen Sie das herrliche Gefühl der Freiheit.

- Hören Sie sich das Stück »Vier Minuten dreiunddreißig Sekunden« von John Cage an. Sie werden überrascht sein, was passiert.

- Machen Sie fünf Minuten lang alle Bewegungen nur in Zeitlupe.

# Eigensinn macht Spaß

Der Eigensinn der Katzen ist ein Phänomen, das uns Katzenbegleiter schon immer fasziniert hat. Er bringt uns oft zum Schmunzeln und kann uns andererseits komplett zur Verzweiflung treiben. Wer einmal versucht hat, seinem Stubentiger ein wichtiges Medikament zu verabreichen, weiß genau, worum es hier geht. Das Internet ist zwar voll von Tipps, wie man eine Katze erziehen kann, unzählige Videos zeugen allerdings davon, dass es meist nicht geklappt hat. Denn Katzen lassen sich nur etwas beibringen, wenn sie selbst davon profitieren. Aber auch dann nur in einem gewissen Maß.

*Warum macht uns* die Eigenwilligkeit der Katzen dennoch so viel Spaß?

Unsere Samtpfoten sind wahre Experten darin, ihre eigenen Regeln aufzustellen. Es ist faszinierend, wie wenig sie sich um unsere Erwartungen kümmern. Wenn wir ihnen verbieten, die Kugeln vom festlich geschmückten Weihnachtsbaum zu kicken, tun sie es, sobald wir uns umdrehen, erst recht. Wir haben ihnen ein tolles neues Katzenspielzeug mitgebracht? »Nein, danke, ich spiele lieber mit dem unglaublich aufregenden zusammengeknüllten Stück Papier, das ich gerade unter dem Sofa gefunden habe!«

Viele Menschen sorgen sich mehr um das Bild, das sie nach außen abgeben, als um ihr eigentliches Wohlergehen. Einer Katze käme das nie in den Sinn.

*Sie ist genau so, wie sie nun mal ist, und versucht nicht, jemand anderes zu sein oder gar sich selbst zu optimieren.*

*Vom Eigensinn der Katzen* können wir auch indirekt lernen, uns in Geduld und Toleranz zu üben. Wenn die stolze Siamkatze Sumi sich nun mal partout nicht in den Transportkorb stecken lassen will, um zum Tierarzt gefahren zu werden, dann sollte man es lieber aufgeben und an einem anderen Tag probieren.

Indem wir das dickköpfige Wesen unserer pelzigen Freunde akzeptieren, entwickeln wir vielleicht auch mehr Geschick, mit schwierigen menschlichen Charakteren umzugehen. Wir können lernen, die Dinge zu akzeptieren, wie sie sind.

Durch den Umgang mit den eigenwilligen Naturen unserer Stubentiger üben wir wichtige Lebenskompetenzen wie Gelassenheit, Nachsicht und Humor, was sich letztendlich positiv auf unser soziales Leben auswirkt.

# Nicht nachmachen!

Tatsächlich sollten wir nicht alle Aspekte des katzenartigen Eigensinns als Lehrbeispiel heranziehen: In einem unserer Lieblingscafés kam lange eine schwarz-weiße Katzendame zu Besuch, die wir sehr mochten und aus naheliegenden Gründen »Shorty« tauften. Shorty lebte nämlich auf der anderen Straßenseite, ignorierte grundsätzlich heranfahrende Autos und flanierte stets in einem geradezu unverschämt gemächlichen Tempo über die Straße. Eines Tages büßte sie leider aufgrund ihres Eigensinns den Schwanz ein. Davon ließ Shorty sich aber nicht beirren, sondern behielt ihr bedächtiges Tempo weiterhin bei.

# Wohlergehen

*Von einer Katze lernen heißt siegen lernen.*
*Wobei siegen »locker durchkommen« meint,*
*also praktisch: liegen lernen.*

Robert Gernhardt

# Müßiggang ist aller Lebenslust Anfang

Auch wenn Katzen es sich bei uns Menschen bequem eingerichtet haben, sind sie ihrem Verhalten nach immer noch Raubtiere und daher ständig auf der Hut. Sie lauern auf Beute, pirschen sich heran, machen blitzartig große Sprünge und spielen mit dem bemitleidenswerten Opfer auch noch ausgiebig. Da derart anstrengende Aktivitäten viel Energie kosten, müssen sie entsprechend lange ausruhen. Und das kann dauern! Tatsächlich sind Katzen echte Schlafmützen: Erwachsene Tiere schlummern bis zu achtzehn Stunden am Tag, also mehr als doppelt so viel wie wir Menschen. Und obwohl die kleine Anstrengung, miauend um das Bein des Dosenöffners herumzustreifen, heute die Beutejagd ersetzt hat und vergleichsweise wenig Energie kostet, haben die Samtpfoten ihre Vorliebe für das Liegen immer noch beibehalten. Warum sollten sie sich das Leben auch schwerer machen als unbedingt notwendig?

Die Katze ist das einzige vierbeinige Tier, das
dem Menschen eingeredet hat, er müsse es
erhalten, es brauche aber dafür nichts zu tun.

Kurt Tucholsky

*Jeder Katzenliebhaber* weiß, dass Katzen immer ein Plätzchen finden, wo sie ein Nickerchen abhalten können. Unsere Katze Mira bevorzugt mal den kuscheligen Wollpullover der Mitbewohnerin, mal die turmhoch aufeinandergestapelten Winterbettdecken oder einfach die offene Sockenschublade. Wo es weich ist und warm, findet sich schon bald eine Katze zum Faulenzen ein.

Müßiggang an sich kann das reine Nichtstun nach Katzenart bedeuten, aber auch vergnügliche Aktivitäten ohne große Anstrengung. Katzen sind demnach die wahren Müßiggänger, verbringen sie ihre Zeit neben dem ausgeprägten Herumlungern doch hauptsächlich mit Dingen, die ihnen Spaß bereiten.

*Oder hat man jemals eine Katze gesehen, die sich mit einer ungeliebten Tätigkeit unnötig quält?*

*Und wir Menschen?* Können wir aus dem felinen Müßiggang auch etwas für uns lernen? Es wird uns kaum gelingen, so viel auf der faulen Haut zu liegen, wie es Katzen tun. Auch unsere Mahlzeiten serviert uns leider niemand ohne Gegenleistung.

Tom Hodgkinson, der »Anleitung zum Müßiggang« schrieb und daher eine Art Experte auf dem Gebiet des Nichtstuns ist, meint dazu:

»Für mich bedeutet Müßiggang so etwas wie Kontemplation, nachdenken, spazieren gehen, mit Freunden reden, lesen, lernen, Musik machen. Also, wenn man Arbeit als etwas definiert, was man nicht tun will, dann könnte man Müßiggang als etwas verstehen, was man tun will. Das kann auch Arbeit sein.«

Der Müßiggang nach Katzenart kann demnach für uns Menschen bedeuten:

Suche dir eine Arbeit, die dir gefällt, und sorge dafür, dass die Muße und das Vergnügen in deinem Leben nicht zu kurz kommen.

## Und weil das nicht so einfach umzusetzen ist, hier ein paar amüsante Schritte auf dem Weg zum Müßiggang-Experten:

- **Die Faultier-Einstellung:** Geben Sie sich selbst die Erlaubnis, einfach mal nichts zu tun, ohne dabei ein schlechtes Gewissen zu haben.

- **Üben Sie Nichtstun-Yoga:** Planen Sie bewusst Zeiten im Kalender ein, in denen Sie tatenlos auf dem Sofa liegen.

- **Absolvieren Sie Tagträumer-Workouts:** Lesen Sie witzige Katzenbücher, malen Sie mit beruhigenden Farben oder beobachten Sie einfach gänzlich untätig Ihren ebenfalls untätig dösenden Stubentiger.

- **Die Phlegmatiker-Party:** Laden Sie Freunde ein, im Pyjama vorbeizukommen, bereiten Sie absolut nichts vor und faulenzen Sie alle gemeinsam nach Katzenart an den bequemsten Stellen der Wohnung.

- **Werden Sie Gedulds-Guru:** Die Kunst des Müßiggangs erfordert Gelassenheit und jede Menge Übung. Ihre Katze zeigt Ihnen, wie es geht!

## Viel Vergnügen beim »Liegenlernen«!

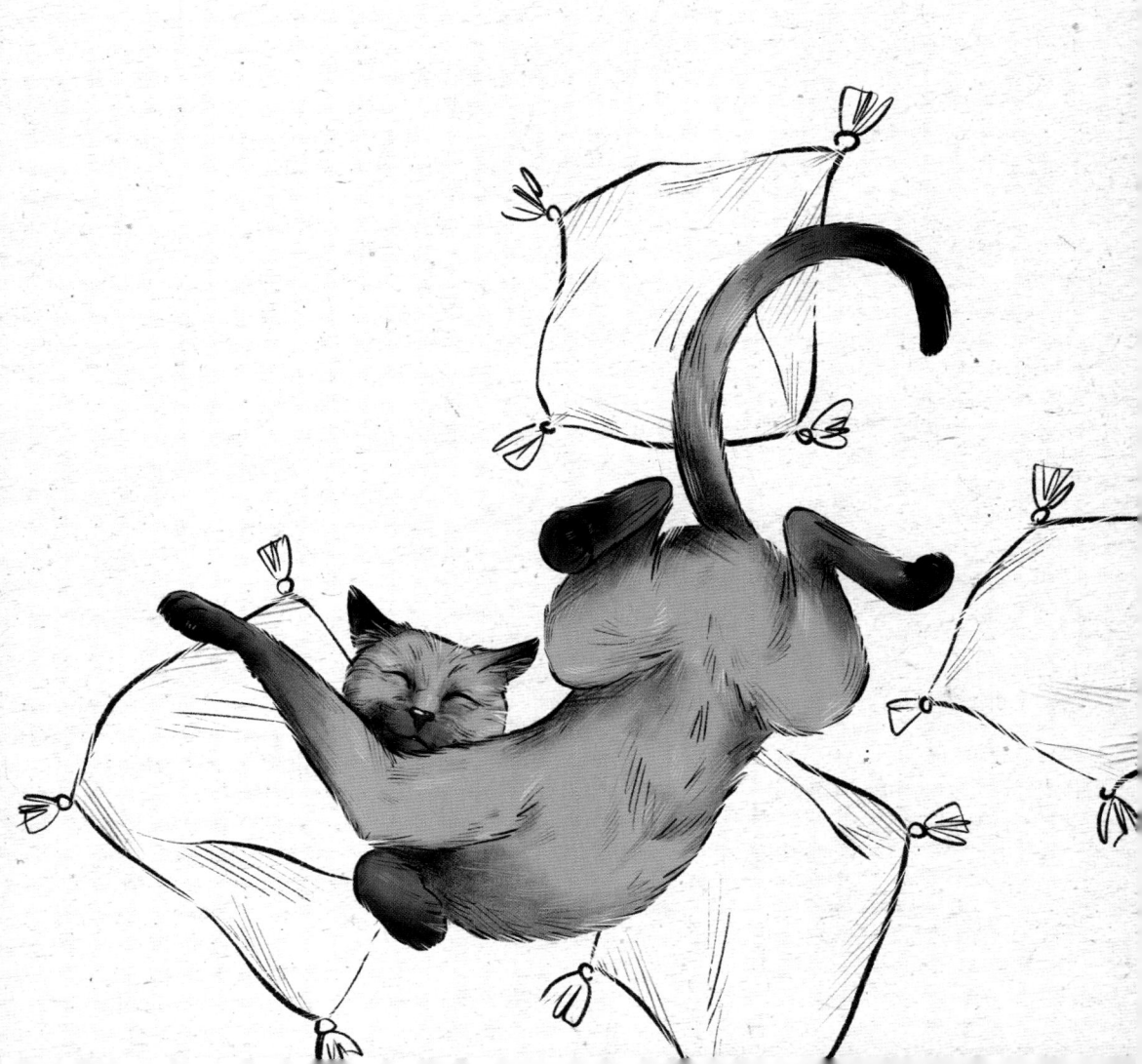

Mit dem guten Geschmack ist es ganz einfach:
Man nehme von allem nur das Beste.

Oscar Wilde

# Das Beste ist
# gerade gut genug

Katzenfreunde wissen, dass unsere Samtpfoten anspruchsvolle Tiere sind und daher oft wählerisch. Sie haben bestimmte Vorlieben und Abneigungen, wenn es um ihr Futter, ihre Schlafplätze oder ihre Spielzeuge geht. Für Katzen ist das Beste gerade gut genug, weil sie nur das akzeptieren, was ihren Bedürfnissen und Vorlieben entspricht. Katzenliebhaber wollen natürlich, dass ihre Katzen rundum zufrieden sind, und bemühen sich daher, ihren pelzigen Freunden genau das Richtige zu bieten.

Was allerdings nach Katzenart das Beste ist, ist für Menschen nicht immer verständlich. Warum mag die Samtpfote keinen Lachs, während sie für den billigeren Seelachs töten würde? Warum ist eine simple Kastanie so spannend und das interaktive Katzenspielzeug wird links liegen gelassen? Und warum, verflixt noch mal, benutzt sie die stylishe Katzenhöhle nicht, die so gut zu unserer Einrichtung passt, sondern besteht weiter auf dem zerfledderten alten Karton?

**Doch das Beste** nach dem irischen Schriftsteller ist wohl nicht immer das, was Katzen bevorzugen würden. Während Oscar Wilde dafür bekannt war, den Luxus zu lieben, können wir uns die katzenartige Haltung zum Vorbild nehmen, lieber unsere echten Bedürfnisse zu erkennen. Das Beste zu wollen, kann auch bedeuten, dass man sich um seine körperliche und geistige Gesundheit kümmert, gute Beziehungen pflegt und sich in einer angenehmen Umgebung aufhält.

So meinte auch der griechische Philosoph Epikur:

»Die Katze zeigt uns, dass es nicht notwendig ist, viel zu besitzen oder zu tun, um ein erfülltes Leben zu führen. Manchmal reicht es einfach aus, im Moment zu leben und die kleinen Freuden des Alltags zu genießen.«

### Katzen wählen das Beste.
Zu ihrer Zufriedenheit.
Warum sollten wir nicht
das Gleiche für uns wollen?
Das Streben nach dem Guten
geschieht aus Achtung
vor sich selbst.
Und anderen.
Zufriedenheit strahlt auf alle ab.
Wachstum und Wohlbefinden verbreiten sich
und nehmen uns mit.
Im Strom des guten Lebens
kann das Beste das Einfachste sein.
Und nichts, was man kaufen kann.

# »Wasch mir den Pelz, aber mach mich nicht nass!«

Ein einziges Mal in seinem langen Katzenleben mussten wir unseren Kater Bruno einem ausgiebigen Bad unterziehen. Keine Ahnung, in welch üblem Schlamm er sich bei seinem Streifzug gewälzt hatte, jedenfalls stank er erbärmlich und war von oben bis unten verklebt.

Jeder Katzenbegleiter weiß, dass ein Bad, ja jeglicher Wasserkontakt, bei den meisten Katzen wahre Panikattacken hervorruft. Aber es half nichts, das schmutzige Tier musste ins lauwarme Nass! Der Kampf in der Badewanne endete für uns mit nassen Kleidern und Kratzern an den Armen, für Bruno hingegen mit einem sauberen Fell. Doch nach dieser Prozedur weigerte er sich standhaft, jemals wieder ein Badezimmer zu betreten.

Trotz ihrer Scheu vor Wasser sind Katzen äußerst reinliche Tiere und putzen sich bis zu drei Stunden am Tag. Dabei imprägnieren sie ihr Fell und erstellen eine Duftnote für ihre Artgenossen. Und die Tätigkeit an sich wirkt beruhigend und entspannend. Aber sie tun es eben lieber selbst.

*Auch für uns Menschen* ist es natürlich von Vorteil, auf sich zu achten und sich zu pflegen, um ein gesundes und glückliches Leben zu führen. Dies beinhaltet regelmäßige Körperpflege, ausreichend warme oder luftige Kleidung, gesunde Ernährung, Bewegung und genügend Ruhe.

Aber wer hat nicht schon ratlos vor dem Kleiderschrank gestanden, festgestellt, dass er »nichts anzuziehen« hat, und sich gewünscht, so ein schön glänzendes Fell wie seine Katze zu haben?

Wenn Ihr pelziger Freund Ihre Hand sauber leckt, ist er im Übrigen nicht der Meinung, dass Sie schmutzig sind, sondern er zeigt Ihnen damit seine Zuneigung. Dabei überträgt er seinen Duft auf Sie und markiert so seinen Besitzanspruch. Salopp ausgedrückt, teilt ihre Katze damit anderen Artgenossen mit:

*»Dieser Zweibeiner ist zwar etwas seltsam, aber er gehört definitiv zu mir!«*

*Katzen haben die erstaunliche Fähigkeit, ihr Fell in perfektem Zustand zu halten, ohne jemals einen Friseur zu besuchen.*

Marion C. Garretty

# Romanze mit sich selbst

Allein das Gefühl, auf der Welt zu sein, das Leben zu spüren, sorgt bei unseren Stubentigern für reinstes Wohlbehagen. Für uns menschliche Zweifler besteht wahres Glück leider nur selten in diesem einfachen Empfinden. Dabei könnte uns mehr katzenartiges Bewusstsein sicherlich guttun.

Eine Eigenschaft, die uns helfen würde und für unsere Samtpfoten ganz natürlich ist, ist die Selbstfürsorge. Katzen kümmern sich nicht nur um ihre Bedürfnisse, indem sie sich pflegen, sondern auch, indem sie sich ausruhen, spielen und nach dem Schlaf die Glieder strecken. Sie achten auf ihre eigenen Wünsche und äußern diese zuweilen recht unverblümt, da sie über ein gesundes Maß an Selbstbewusstsein verfügen. Wenn sie von etwas genug haben, zum Beispiel von unseren Streicheleinheiten, setzen sie klare Grenzen. Notfalls auch mit zornigem Fauchen oder unter dem Einsatz von Krallen. Meist setzen sie ihre Ziele aber mit Anmut und Charme durch, da wir dagegen besonders machtlos sind.

*Natürlich sollten wir* Katzen nicht unbedingt darin nachahmen, den eigenen Willen rücksichtslos durchzusetzen. Aber es kann regelrecht befreiend sein, nicht immer nur die Interessen anderer im Blick zu haben, sondern sich mehr auf seine Bedürfnisse und Wünsche zu fokussieren. Letztlich ist man dann auch besser in der Lage, gute Beziehungen zu führen und sich in schwierigen Zeiten um andere zu kümmern.

*Wenn jeder für sich selbst sorgt, gibt es zumindest einen Menschen, der auf uns achtgibt.*

*Sich selbst zu lieben, ist der Beginn einer
lebenslangen Romanze mit sich selbst.*

Oscar Wilde

*Wenn es nur* immer so einfach wäre! Katzen handeln instinktiv, die Selbstfürsorge steckt einfach in ihren Genen. Doch wie gelingt es uns, trotz erblich bedingter Benachteiligung mehr auf unsere Bedürfnisse zu achten?

## Hier ein paar Gedankensplitter für mehr Eigenliebe:

- Zeit für sich selbst einplanen: Machen Sie mal eine Pause!

- Für gesunde, leckere Ernährung und ausreichend Schlaf sorgen.

- Grenzen setzen: Bis hierher und nicht weiter!

- Selbstreflexion: Was hindert mich daran, mir Gutes zu tun?

- Selbstliebe: Seien Sie der wichtigste Mensch in Ihrem Leben.

Geselligkeit

# Eine Sprache
## nur für den Menschen?

Es ist nicht immer leicht, die subtile Welt der Sprache unserer felinen Gefährten zu verstehen. So hat schon mancher Katzenneuling einen Hieb mit der Vorderpfote abbekommen, weil er das Schwanzzucken seines Tiers nicht richtig deutete und ihm wohlmeinend weiter den Bauch kraulte.

Dabei haben unsere Fellphilosophen im Lauf der Jahrhunderte an unserer Seite offenbar gemerkt, dass unsere Spezies nicht clever genug ist, ihre raffinierten Zeichen zu verstehen. Während erwachsene Wildkatzen sich mit tiefen Lauten verständigen, behalten Hauskatzen ihre kindlich hohen Töne bei und passen sie sogar an menschliche Laute an. Denn das Schreien eines hilflosen Babys zieht natürlich die höchste Aufmerksamkeit auf sich.

## Man sollte die Sprache des Empfängers sprechen, wenn man verstanden werden will.

*Die Katze ist ein soziales Tier, und sie zeigt dies auf ihre eigene unabhängige Art.*

Paul Gray

*Wir alle* kennen die vielfältige Art der Kommunikation, mit der sich Katzen uns und ihren Artgenossen mitteilen. Ihre Stimmung drücken sie nicht nur durch Miauen, Schnurren und Fauchen aus, sondern auch durch ihre Körperhaltung, die Stellung ihrer Ohren, ihren Gesichtsausdruck und die Bewegungen ihres Schwanzes. Mit Duftdrüsen an den Pfoten und im Gesicht hinterlassen die Stubentiger Markierungen, um ihr Revier zu kennzeichnen und ihren Artgenossen mitzuteilen: »Achtung, hier lebe ich!« Vielen Katzenmenschen sind physische Berührungen wie Kopfstöße, Kratzen oder sanftes Beißen vertraut, mit denen die Miezen ihnen ihre Zuneigung zeigen. Durch die Kombination verschiedener Kommunikationsformen können Katzen sich auch untereinander effektiv verständigen. Und genauso mit uns Menschen, vorausgesetzt, dass wir ihre Sprache verstehen …

## Nutze unterschiedliche Wege der Kommunikation, um dich für alle verständlich zu machen.

*Die Kommunikationsfähigkeit der Katzen hält noch weitere wichtige Anregungen für uns bereit:*

- Nonverbale Signale sagen oft mehr als Worte.

- Lassen Sie sich und Ihrem Gegenüber in Gesprächen mehr Zeit.

- Respektieren Sie Ihre eigenen persönlichen Grenzen und die Ihrer Gesprächspartner.

- Drücken Sie Ihre eigenen Bedürfnisse klar aus.

- Achten Sie bei Unterhaltungen auch auf Ihre Umgebung.

*Nach manchem Gespräch mit einem Menschen hat man das Verlangen, eine Katze zu strei- cheln, einem Affen zuzunicken oder vor einem Elefanten den Hut zu ziehen.*

Maxim Gorki

Katzenbegleiter

Katzenmensch

Katzenliebhaber

Katzenfreund

Katzenbesitzer

Dosenöffner

Futtergeber

Mitbewohner

Katzennarr

Lebensbegleiter

Gefährte

Haustüröffner

Katzenbutler

Schnurrliebhaber

Katzenflüsterer

Dompteur

Liegekissen

Fellpfleger

Personal

Oder doch: geliebter Mitmensch?

# Personal oder nichts

Hat der britische Fantasy-Schriftsteller Terry Pratchett recht, wenn er sagt: »In der Welt der Katzen gibt es nur zwei Möglichkeiten: Entweder du bist ihr Personal oder du bist nichts.«? Sind wir Menschen für unsere Tiere in erster Linie Versorger und Beschützer? Oder empfinden Katzen für uns auch so etwas wie Liebe? Und wie prägt uns die Beziehung mit diesen unabhängigen Wesen?

Wenn man sich eines Tieres annimmt, ist man verantwortlich für sein Wohlergehen, seine Gesundheit und seine Zufriedenheit. Gerade Kinder können auf diese Weise früh lernen, Verantwortung zu übernehmen, sich in Geduld mit einem eigenwilligen Gefährten zu üben und Mitgefühl für ein Lebewesen zu empfinden.

Durch die Betreuung unserer Katzen lernen wir, aufmerksam für die subtilen Signale und Bedürfnisse anderer zu sein. Da sie zuweilen etwas undankbar erscheinen, kann die Beziehung zu unseren Samtpfoten letztlich ein Beispiel dafür sein, bedingungslose Liebe für ein Lebewesen zu empfinden.

# Blinzeln heißt: Ich liebe dich

Bei aller Unabhängigkeit können Katzen eine tiefe Bindung zu ihren Gefährten aufbauen. Viele Menschen berichten, dass ihre Samtpfoten ihnen in schwierigen Zeiten Trost spendeten, indem sie ihnen Gesellschaft leisteten. Einige Katzen haben Menschen sogar vor Gefahren gewarnt oder auf gesundheitliche Probleme aufmerksam gemacht.

Die Samtpfoten zeigen uns, dass wir Gefühle frei äußern dürfen, ohne dabei Angst zu haben, zurückgewiesen zu werden.

## Blinzeln Sie Ihrer Mieze doch öfter mal freundschaftlich zu. Sie werden sehen, sie zwinkert zurück!

*Natürlich haben* unsere Stubentiger auch Feinde. Neben dem Staubsauger und Hunden im Allgemeinen gehören oft auch ihre Artgenossen dazu. Doch es gibt Gegenbeispiele, die zeigen, dass sie auch unter ihresgleichen Freundschaften schließen können. Dies mag verblüffen, gelten Katzen doch gemeinhin als Einzelgänger, die alleine ihrer Wege ziehen. Bella, die schwarz-weiße Katze unserer lieben Freundin Zülal, wird jedoch fast jeden Tag von ihrem Freund Bacchus aus der Nachbarschaft abgeholt. Er maunzt einfach so lange vor der Terrassentür, bis seine Angebetete herauskommt. Ein paar Stunden ziehen die beiden gemeinsam um die Häuser, dann liefert der Kater seine Freundin Bella wieder wohlbehalten zu Hause ab.

*Ausgerechnet von zwei Katzen können wir also auch noch lernen, was wahre Freundschaft bedeutet!*

# Kuschel dich glücklich und gesund!

Das weiche Fell einer Katze zu streicheln, tut uns Menschen einfach gut. Unser Gehirn setzt dabei das Kuschelhormon Oxytocin frei. Dies reduziert nachweislich Stress, reguliert den Blutdruck, senkt das Level von Stresshormonen und kurbelt die Wundheilung an. Und wenn Ihre Samtpfote dabei schnurrt, unterstützt sie damit nicht nur ihre eigene Knochenheilung, sondern das Geräusch wirkt zudem beruhigend auf uns Menschen.

*Menschen, die mit Katzen leben, sind zufriedener und gesünder.*

# Nutze die Gelegenheit und nimm, was du bekommen kannst!

Eine Bekannte hatte einen Kater namens Oskar, der sehr verschmust war. Ja, er konnte gar nicht genug von den Streicheleinheiten seiner Katzenfreundin bekommen. Während eines Urlaubs war er bei einer Bekannten untergebracht. Diese entwickelte den Ehrgeiz, den Kater einmal so lange zu streicheln, bis er endlich zufriedengestellt war. Sie ging also in die Hocke und kraulte hingebungsvoll Oskars samtweiches Fell.

Sie streichelte und streichelte und streichelte … Nach einer halben Ewigkeit musste sie aufgeben, weil ihre Knie zu sehr schmerzten und sie einfach nicht mehr konnte. Genießer Oskar dagegen hätte noch endlos stillhalten können.

*Die Welt wäre ärmer*
*ohne die sanfte Berührung einer Katze.*

Jayne Schofield

*Viele Katzenfreunde* berichten davon, wie gern ihre Mieze sich an sie kuschelt. Allerdings kann ihre Hinwendung stark von ihrer Persönlichkeit und ihrem Temperament abhängen. Unsere Katze Mira, wild und ohne Kontakt zur Menschenhand aufgewachsen, ist zu unserem Leidwesen keine begeisterte Schmuserin, sondern zeigt ihre Zuneigung eher subtil. Unser Kater Bruno warf sich hingegen voller Inbrunst an uns, war aber dafür bei Fremden sehr zurückhaltend.

Katzen sind in ihrem Schmuseverhalten also so individuell wie wir Menschen. Daher sollten wir die unterschiedlichen Persönlichkeiten respektieren, um eine harmonische Beziehung zu unserem Tier aufzubauen. Besonders verschmust sollen übrigens die Katzenrassen Heilige Birma, Maine Coon oder Kartäuser sein.

**Ein paar Tipps, wie man vom Kuschelhormon Oxytocin profitieren kann, wenn man bedauerlicherweise keine Katze hat:**

- Suchen Sie ein Katzencafé oder ein Tierheim auf. Dort warten mit etwas Glück schmusebereite Samtpfoten.

- Gönnen Sie sich eine wohltuende Massage.

- Verwöhnen Sie sich mit einem wohlriechenden Bad.

- Fragen Sie in Ihrer Umgebung, wer gern eine Umarmung hätte.

- Genießen Sie ein leckeres Essen mit allen Sinnen.

- Tanzen Sie mit sich selbst zu Ihrer Lieblingsmusik.

*Dein wundervolles weiches Fell, schwarz und hell,
so seidig, üppig, voller Pracht, wie Wolkenhimmel
in der Nacht, belohnt die Hand, die dich liebkost,
mit freundlicherem Glück und Trost.*

Aus: »An eine Katze«, Algernon Charles Swinburne

Abenteuerlust

*Curiosity killed the cat,*
*but satisfaction brought it back to life.*

Englisches Sprichwort

# Legendäre Neugier

Katzen müssen ihre Fellnase in jeden Karton, jede Garage und jeden Keller stecken. Alles, was neu für die Wohnung angeschafft worden ist, wird gründlich beschnuppert und als Eigentum markiert. Nur bei unbekannten Lebewesen in ihrem Revier hält sich, je nach Katzenpersönlichkeit, die Begeisterung zunächst einmal in Grenzen. Irgendwann siegt aber auch hier der Entdeckergeist und der Fremdling wird ebenfalls beschnuppert. Ansonsten gilt: Neue Dinge sind aufregend und müssen gründlich erforscht werden!

*Manchmal kann* den Fellnasen ihre Neugier aber auch zum Verhängnis werden: Unser Kater Bruno war einmal fast zwei Wochen verschwunden, weil er durch ein offenes Fenster in den Kohlenkeller eines verlassenen Mietshauses gesprungen war und dann nicht wieder herausfand. Zum Glück kamen wir irgendwann auf die Idee, dass er in dem Haus sein könnte, und fanden den »verkohlten« Kater dort in einem ausgehungerten und erbärmlichen Zustand. Das hielt ihn natürlich nicht davon ab, einige Tage später wieder in den Keller zu springen … seine Wissbegier war einfach zu groß!

*Katzen sind* von Natur aus Jäger und Entdecker. Ihre Neugier hilft ihnen, ihre Umgebung zu erkunden und eine mögliche Beute oder Gefahren aufzuspüren.

Neugier und Intelligenz stehen bei unseren Stubentigern in einem direkten Zusammenhang. Katzen sind neugierig, und weil sie dies sind, lernen sie dazu.

Sie nutzen ihre Entdeckerfreude, um neue Dinge zu lernen und Probleme zu lösen.

Ihr starker Spieltrieb lässt sie nach Herausforderungen suchen und mit anderen Lebewesen interagieren. Die Wissbegier der Katzen ist also ein wichtiger Aspekt ihres Wesens. Und auch für uns kann sie ein Antrieb sein, unsere Komfortzone zu verlassen und Neues zu entdecken.

## Sei neugierig und lerne dazu.

**Das australische Kätzchen Poppy** hingegen bezahlte seine Neugier fast mit dem Leben: Poppy kletterte unbemerkt in eine befüllte Waschmaschine und wurde unglücklicherweise eine halbe Stunde lang mitgewaschen. Ihre besorgte Familie, die überall nach ihr suchte, entdeckte sie gerade noch rechtzeitig vor dem Schleudergang. Poppy hatte zwar einige Blessuren erlitten, überlebte das Abenteuer ihres Lebens aber zur Erleichterung der Familie ansonsten unbeschadet.

*Neugier sollte also immer auch mit einer gewissen Vorsicht gekoppelt sein, so die Lektion von Poppys gewagtem Unterfangen.*

Miezekatze

Stubentiger

Samtpfote

Schnurrer

Fellnase

Katzentier

Pelznase

Tigerchen

Schmusetiger

Fellknäuel

Maunzer

Pfotenkönig

Bartputzer

Kater

Kuschelpelz

Oder doch ein Raubtier?

# Move your body!

Gerade jüngere Katzen sind für ihre ausgeprägte Bewegungsfreude bekannt. Sie haben einen angeborenen Instinkt, hinter Beute herzujagen. Katzenmenschen beobachten oft, dass ihre Mieze scheinbar aus dem Nichts heraus losschießt und hinter etwas völlig Belanglosem herjagt, zum Beispiel einem Stück Schnur. Unsere Katze fixiert zuweilen schlagartig einen Punkt an der Decke und versucht mit allen Mitteln, die winzige Fliege dort oben zu erwischen. Egal, wie sinnlos es uns erscheinen mag. Dabei wird sie immerhin ihre überschüssige Energie los.

Auch ihr Leckerli möchte Mira uns nicht einfach aus der Hand nehmen. Es muss in hohem Bogen geworfen werden, sodass sie sich in atemberaubenden Sprüngen in die Luft schrauben kann, um es im Flug zu erhaschen. Dabei schafft sie, wie die meisten Katzen, aus dem Stand mühelos eine Höhe von bis zu zwei Metern, etwa fünf- bis sechsmal so viel wie ihre eigene Körpergröße.

Die Katze ist ein Meisterwerk der Natur in Bewegung.

Leonardo da Vinci

*Die Bewegungsfreude der Katzen ist auch für unsere Spezies ein Schlüssel zu mehr Gesundheit und Wohlbefinden:*

- Bleiben Sie aktiv: Abwechslungsreiche körperliche Aktivität tut gut und sollte einen regelmäßigen Platz im Alltag einnehmen.

- Seien Sie neugierig: Wer offen für neue Erfahrungen ist, bleibt flexibel und wächst über sich hinaus.

- Achten Sie auf Ihre Instinkte: Der Selbsterhaltungstrieb sichert immerhin unser Überleben!

- Vergessen Sie den Spaß nicht: Suchen Sie sich eine vergnügliche Bewegungsform, dann fällt es leichter, konsequent zu bleiben.

*Wenn ich mit meiner Katze spiele,*
*bin ich nie ganz sicher, ob nicht ich*
*ihr Zeitvertreib bin.*

Michel de Montaigne

# Spielen Sie mit Ihrer Katze, wann immer Sie Zeit und Lust haben, denn es ...

... unterstützt die angeborene Bewegungsfreude.

... bietet körperliche und geistige Beschäftigung.

... dient zur Stressreduzierung.

... kann überschüssige Energie abbauen.

... unterstützt den Muskelaufbau.

... verbessert die Geschicklichkeit.

... stärkt die Bindung zu Ihren Mitbewohnern.

... fördert Zufriedenheit und Glück.

## Und all das gilt natürlich für Katze UND Mensch!

# Ein leichtes Spiel

Viele Katzen lieben es, ein Leben lang zu spielen. Sie tun es aus reiner Freude am Spiel, ohne sich Gedanken über das Ergebnis oder den Nutzen zu machen. Es ist vielmehr Ausdruck von Lebensfreude und Leichtigkeit. Dies kann uns daran erinnern, im Leben Raum für Kreativität und Unbeschwertheit zu lassen und die Dinge nicht zu ernst zu nehmen. Wer mit einer gewissen Leichtigkeit durchs Leben geht, bewältigt vielleicht auch anstehende Herausforderungen besser.

In der Philosophie des Daoismus wird die Idee der Unbeschwertheit und des Spiels oft hervorgehoben. Das Dao (der Weg) wird als natürlicher Fluss des Lebens betrachtet, dem man am besten folgt, indem man sich einfach an das Wandeln, Werden und Wachsen anpasst. Durch das Spiel können wir uns mit dem »Dao« verbinden und ein Gefühl von Harmonie und Ausgeglichenheit entwickeln.

Unsere Katzen-Lehrmeister haben diese Weltanschauung der Leichtigkeit beneidenswerterweise von Geburt an verinnerlicht.

*Unser Kater Bruno* war überall als Herumtreiber bekannt. Eines Morgens klingelte unsere nette Vermieterin aufgeregt und sagte, sie habe ihn weit entfernt bei einem Supermarkt gesehen. Tatsächlich war Bruno über Nacht draußen gewesen und trotz ausgiebigen Rufens noch nicht erschienen. Freundlicherweise bot unsere Vermieterin an, Bruno mit dem Auto zu holen. Als sie kurz darauf wieder zurückkam, miaute am Rückfenster des Wagens jämmerlich ein schwarz-weißer Kater, der mir völlig unbekannt war. In diesem Moment schlenderte Bruno lässig um die Garagenecke und machte ein Gesicht, als ob er sagen wollte: War was?
Meine Vermieterin und ich bogen uns vor Lachen.

## Ein Moment großer Leichtigkeit, wie ihn nur Katzen erzeugen können.

Der bedauernswerte fremde Kater wurde übrigens wieder in sein Revier zurückgebracht. Unsere Vermieterin hoffte, dass niemand beobachtet hatte, wie sie zunächst eine Katze entführt oder danach eine Katze ausgesetzt hatte.

# Gelassenheit

# Gelassenheit
## ist eine anmutige Form des
## Selbstbewusstseins.

Marie von Ebner-Eschenbach

# Die Kunst, Ruhe zu bewahren

Manche Stubentiger gehen mit einer bewundernswerten Unbeschwertheit durchs Leben. Kürzlich verirrte sich ein fremder Kater in unser Treppenhaus. Als wir die Tür öffneten, spazierte das stattliche Tier in aller Seelenruhe herein, durchschritt selbstbewusst das fremde Revier und ging schnurstracks ins Wohnzimmer, wo unsere Katze Mira gerade ihre Siesta abhielt. Damit war es allerdings vorbei, als sie den Eindringling entdeckte. Sie sprang auf, formte eine Katzenbürste und begann zu fauchen. Normalerweise wäre dies für jede andere Samtpfote ein Zeichen, sich schnell aus dem Staub zu machen. Nicht so für den schwarz-weißen Buddha-Kater. Gelassen sprang er zu ihr auf die Korbtruhe, machte es sich bequem und sah seelenruhig zur völlig entgeisterten Mira, als ob er sagen wollte: »Hallo, darf ich dein Freund sein?« Bevor unsere Kampfkatze ihm auf ihre Art mitteilen konnte, dass dies nicht der Fall war, brachten wir den Kater schnell nach draußen. Dort spazierte er wieder vollkommen unbeirrt seiner Wege.

*Mit ein paar Übungen können auch wir lernen, Gelassenheit zu unserem Lebensmotto zu machen:*

- Fokussieren Sie sich auf das Gute in einer Situation.

- Konzentrieren Sie sich bewusst auf den Moment.

- Praktizieren Sie Entspannungsübungen, um Stress abzubauen.

- Betrachten Sie Situationen aus verschiedenen Blickwinkeln.

- Lassen Sie sich nicht überfordern.

- Versuchen Sie, schwierige Situationen mit Humor zu nehmen.

- Und nicht zuletzt: Akzeptieren Sie die Dinge so, wie sie sind.

*Katzen, diese Wesen,*
*haben die unmenschliche*
*Geduld der Erde;*
*da ist ein Jahr, was für*
*den Menschen nur eine*
*Sekunde.*

Christian Morgenstern

*Unsere pelzigen Gefährten bringt also nichts so schnell aus der Ruhe. Fast nichts. Es sei denn:*

- Der Katzenbegleiter macht das Tütchen mit dem Lieblingsfutter nicht schnell genug auf.

- Die Katze hat einen Vogel gefangen und präsentiert ihn stolz ihrem Menschen. Leider lässt der trottelige Zweibeiner die Beute wieder fliegen.

- Sie möchten ihr geliebtes Nickerchen abhalten, aber der weichste Platz ist schon vom Hund besetzt.

- Der Nachbarkater dringt ins Revier ein. Dann werden sie zu wahren Furien.

# Einmal seiner Wut freien Lauf lassen

Apropos Furien. Keine Katze käme jemals auf die Idee, ihre Gefühle zu unterdrücken. Sie ist, wie sie ist, und fühlt, was sie gerade fühlt. Es kann auch für uns sehr befreiend sein, scheinbar negative Gefühle unverstellt zum Ausdruck zu bringen. Das Unterdrücken von Ärger oder Frustration führt nachweislich zu einer ungesunden inneren Anspannung. Sich einmal richtig aufzuregen, kann daher ein Ventil sein, den aufgestauten Druck abzulassen.

Indem man seine Empfindungen offen zeigt, können andere Menschen besser nachvollziehen, was einen belastet, und eventuell ihre Unterstützung anbieten. Allerdings sollte man darauf achten, einen gesunden Umgang mit Emotionen wie Aggression zu finden und nicht in destruktive Verhaltensweisen abzurutschen. Unsere Katzen-Gelehrten machen uns vor, wie man es schafft, sich nach einem kurzen Ausraster genauso schnell wieder abzureagieren.

# Geduld zahlt sich aus

Neben ihrer Fähigkeit, größtenteils gelassen durchs Leben zu gehen, sind Katzen auch für ihre bewundernswerte Ausdauer bekannt. Sie können stundenlang regungslos an einem Ort sitzen, etwa an einem Mauseloch, um dann im richtigen Moment zuzuschlagen. Oder sie beobachten einfach nur entspannt das Geschehen um sich herum, ohne irgendwelche Absichten zu verfolgen.

Die Geduld der Katzen erinnert uns Menschen daran, dass es manchmal notwendig ist, auf den richtigen Moment zu warten, statt unüberlegte Entscheidungen zu fällen. Ihr geduldiges Verhalten kann uns lehren, Ruhe zu bewahren, auch wenn ein Ereignis nicht gleich nach unseren Vorstellungen verläuft. Manchmal müssen wir einfach das Vertrauen entwickeln, dass alles schließlich seinen Weg finden wird. Denn letztlich führen unerwartete Verläufe oft zu den besten Ergebnissen.

*Das Sinnbild von Ruhe ist eine sitzende Katze.*

Jules Renard

*Wie zumeist* im Leben hat jede Eigenschaft ihre gegenteilige Seite. Katzenmenschen wissen, dass ihre Lieblinge in manchen Situationen sehr ungeduldig sein können. Wenn sie etwa in ein bestimmtes Zimmer möchten und die Tür geschlossen ist, hat die Geduld schnell ein Ende. Sie wünschen schließlich jederzeit Zutritt zu ihrem gesamten Revier! Unsere Katze kratzt dann so lange an der Tür, bis jemand sie entnervt öffnet. Dabei möchte sie einfach nur in den Abstellraum, um nachzusehen, ob noch genug Futter da ist. Manche Katzenfreunde haben auch schon berichtet, dass ihr pelziger Gefährte sie morgens im Bett so lange mit der Pfote bearbeitet, bis sie sich müde aufraffen und ihm das Frühstück servieren.

Vor lauter Ungeduld können unsere Stubentiger zuweilen auch nach einer Beschäftigung suchen, die uns nicht so gut gefällt, zum Beispiel wichtige Dokumente zu zerfetzen. Und auch wenn die Haustür nicht schnell genug geöffnet wird, um Madame oder Monsieur ins Haus zu lassen, ist die Geduld bald erschöpft.

*Nun ist* vielleicht der Eindruck entstanden, dass Ungeduld ein rein negativer Charakterzug ist, den wir lieber nicht nachahmen sollten. Doch das trifft nicht ausnahmslos zu.

Die Ungeduld kann uns helfen, klar und deutlich zu kommunizieren, dass wir etwas brauchen. Unsere Samtpfoten sind dabei sehr hartnäckig und lassen sich nicht entmutigen, wenn sie etwas nicht gleich bekommen. Wir können von ihrem Verhalten lernen, uns ebenso beharrlich für unsere Ziele einzusetzen. Und, nicht zuletzt, unsere Vorhaben dann auch zeitnah umzusetzen.

*Ungeduld kann*
*ein Motor des Lebens sein,*
*der uns positiv antreibt.*

# Zu Hause ist es am schönsten

Wer jemals mit einer Katze umgezogen ist, weiß, dass Ortswechsel nicht gerade zu ihren liebsten Aktivitäten gehören. Unsere Katze Cora saß nach einem Umzug einmal zwei Wochen lang konsterniert im Kleiderschrank und kam nur heraus, um ihre Mahlzeiten zu sich zu nehmen oder ihr Geschäft zu verrichten. Erst nach und nach begann sie, wieder Mut zu fassen und ihr neues Zuhause für sich zu erobern. Es mag natürlich auch Samtpfoten geben, die problemlos jeden Umzug mitmachen. Doch Katzen sind von Natur aus territoriale Tiere und fühlen sich in ihrer gewohnten Umgebung am sichersten. Sie markieren ihr Revier mit Duftmarken und haben eine starke Bindung an ihr Zuhause. Ortswechsel bedeuten für ihre sensiblen Sinne puren Stress, die Konfrontation mit neuen Gerüchen, Geräuschen und Lebewesen kann sogar zu einer Reizüberflutung führen. Daher reagieren die meisten Katzen auf ein neues Zuhause gelinde gesagt zurückhaltend.

**Die Familie des Katers Cocci** war aus dem Nordosten Frankreichs nach Ginai in der Normandie umgezogen. Eines Tages war ihr geliebter Kater am neuen Wohnort plötzlich verschwunden und tauchte auch nicht mehr auf. Die ganze Familie war untröstlich und suchte ihn überall … vergeblich.

Mehr als ein Jahr später wurde das Tier in der Nähe des alten Wohnorts wiedergefunden. Der Kater war 400 Kilometer weit gelaufen, um zurück zu seinem alten Zuhause zu kommen. Die Familie war natürlich überglücklich, als sie den Ausreißer nach so langer Zeit wieder in die Arme schließen konnte. Seine Reise hat Cocci im Übrigen, bis auf einen kräftigen Gewichtsverlust und ein paar Flöhe, gut überstanden.

*Sicherlich ist es* nicht gerade ratsam, nach einem Umzug wie erstarrt im Schrank zu sitzen oder meilenweit zum alten Wohnort zurücklaufen. Doch auch die Beständigkeit der Katzen kann uns ein Beispiel sein:

- Veränderungen sind wichtig, sollten aber behutsam angegangen werden.

- Gerade in unruhigen Zeiten ist ein sicheres und schönes Zuhause wertvoll.

- Stabilität kann helfen, in schwierigen Lebenslagen die nötige Ausgeglichenheit zu bewahren.

- Und: Gewohnheiten können den Geist von lästigen täglichen Entscheidungen befreien.

*Katzen sind* jedoch nicht nur konservativ, für sie könnte genauso gut die folgende Redewendung des englischen Dichters William Cowper gelten:

Variety is the spice of life.

# Abwechslung verschönert das Leben

So beharrlich Katzen auf kleinste Veränderungen in ihrem Umfeld reagieren – selbst wenn man nur auf die Idee kommt, seinen, Pardon, ihren Lieblingssessel umzustellen –, so sehr lieben sie doch auch die Abwechslung.

Viele Katzenbegleiter sind verblüfft, wenn ihr pelziger Gefährte plötzlich das Mahl verweigert, das zuvor sein unbedingtes Lieblingsfutter gewesen ist. Hat er sich am Vortag noch mit Begeisterung auf Fisch in Gelee gestürzt, verschmäht er dies auf einmal ohne ersichtlichen Grund und lässt sich erst wieder zum Fressen überreden, wenn die erwünschte Geschmacksrichtung serviert wird.

## Kein Wunder, wer isst schon gerne jeden Tag Spaghetti?

*Ebenso* ungern lassen unsere Stubentiger sich auf einen Schlafplatz festlegen. Mal ist es die flauschige Lieblingsdecke auf dem Sofa, mal der sonnen-beschienene Strandkorb im Garten, mal der schlummernde Lieblingsmensch.

Ihre Katze mag vielleicht ein wenig unberechenbar oder undankbar erscheinen, hat sie sich dieses Verhalten doch aus ihrer Zeit als Wildkatze bewahrt. Damals war es wichtig, dass Feinde sie nicht im Schlaf auffinden konnten. Auch wenn der Feind nun allenfalls der Terrier von gegenüber ist, hat sie den Wechsel der Schlafplätze bis heute beibehalten.

»Die Spielmaus mit Katzenminze-Füllung war gestern noch mein heiß begehrtes Spielzeug? Sorry, aber die interessiert mich nicht mehr. Heute finde ich den Grashalm, den ich aus dem Garten mitgebracht habe, viel aufregender. Morgen reizt mich vielleicht eine simple Eichel, die du bei einem Spaziergang einsammeln wirst. Da lasse ich mich ungern festlegen, denn mir wird schnell langweilig.« So denkt Ihre Katze womöglich insgeheim.

*Abwechslung ist der beste Weg, um den Geist*
*frisch und kreativ zu halten.*

**Albert Einstein**

*Wie unsere Stubentiger* suchen auch wir Menschen nach Zerstreuung in unserem oft durchgetakteten Alltag. Wir wünschen uns neue Erlebnisse und Herausforderungen, die es uns ermöglichen, andere Perspektiven einzunehmen und unsere Kreativität zu entfalten. Tatsächlich werden beim Wahrnehmen von neuen Erfahrungen im Gehirn körpereigene Botenstoffe freigesetzt. Abwechslung, am besten gekoppelt mit Herausforderungen, bereichert unser Leben und versetzt uns in wahre Hochstimmung.

*Vielleicht haben Katzen deshalb oft so gute Laune?*

## Zehn Tipps für die schnelle Alltagsvariation nach Katzenart:

- Kochen Sie ein Gericht aus einem fernen Land, das Sie noch nie gegessen haben.

- Machen Sie einen Yoga- oder Pilates-Kurs.

- Schlafen Sie wie Ihre pelzigen Gefährten unter freiem Himmel.

- Sprühen Sie nachts Graffitis an Ihre Hauswand.

- Streifen Sie wie ein Kater durch unbekannte Viertel in Ihrer Stadt.

- Bauen Sie in Ihrem Garten ein Baumhaus als erhöhte Liegehöhle.

- Laden Sie Freunde zu einem neuen Katzen-Brettspiel ein.

- Gehen Sie einen völlig anderen Arbeitsweg.

- Bieten Sie sich in der Nachbarschaft als Catsitter an.

- Buchstabieren und sprechen Sie eine Strophe aus Hermann Hesses Gedicht »Stufen« rückwärts.

Und jedem Anfang wohnt ein Zauber inne,
der uns beschützt und der uns hilft, zu leben.

In der Einfachheit der Katze liegt ihre wahre
Schönheit und Anmut.

Konfuzius

# Meister des Minimalismus

Katzen werden oft als königliche Tiere beschrieben, was vermuten lässt, dass sie hohe Ansprüche hätten. Doch oft sind wir Katzenliebhaber überrascht, wie wenig unsere Samtpfoten brauchen, um zufrieden zu sein. Schließlich sind sie echte Meister des Minimalismus und nehmen sich nur das Nötigste, um ihr Wohlbefinden sicherzustellen. Oft finden wir unsere Katzen in den kleinsten Blumentopf oder in ein Mini-Körbchen gequetscht. Hauptsache, sie finden es gemütlich!

Unser Kater Bruno faltete sich so auf mein kleines Gel-Mousepad, dass sein stattlicher Körper gerade daraufpasste. Beliebte Plätze sind auch der warme Laptop oder Manuskripte, auf die man eigentlich zugreifen möchte.

»Ein Hund sitzt neben dir, während du arbeitest. Eine Katze sitzt auf deiner Arbeit«, schreibt auch die australische Schriftstellerin Pam Brown.

**Die Eleganz** einer Katze in ihren Bewegungen verkörpert perfekt die Essenz des Minimalismus. Jeder Schritt, jede Kopfdrehung erfolgt präzise und bewusst, ohne überflüssige Windungen. Sie verschwendet keine Energie mit unnötigen Bewegungen, sondern tut alles mit Bedacht. Ihr Leben ist geprägt von Einfachheit und Effizienz, sie weiß genau, was sie braucht und was nicht. In ihrer ruhigen Gelassenheit erinnert sie uns daran, dass wahre Schönheit oft in der Reduktion liegt.

*Die Katze zeigt uns,
dass weniger manchmal mehr ist
und im Loslassen von Überflüssigem
eine große Freiheit liegt.*

*Wir können viel vom Minimalismus der Katzen lernen,
indem wir auf mehr Klarheit und Einfachheit achten:*

- Selbstreflexion: Überlegen Sie, was Ihnen wirklich wichtig ist im Leben und welche Dinge Ihnen Freude bereiten.

- Reduktion: Trennen Sie sich von Dingen, die Sie nicht mehr brauchen.

- Zeitmanagement: Konzentrieren Sie sich auf die Aufgaben, die Ihnen am wichtigsten sind.

- Nachhaltigkeit: Vermeiden Sie Verschwendung und setzen Sie auf dauerhafte Alternativen.

- Ressourcen: Gehen Sie mit Ihrer eigenen Kraft präzise und schonend um.

- Gemeinschaft: Investieren Sie Zeit in Ihre sozialen Kontakte. Wertvolle Beziehungen sind oft wichtiger als materielle Besitztümer.

# Rätsel und Geheimnis

*Das Rätselhafte an der Katze ist,*
*warum sie sich je dazu entschieden hat,*
*ein Haustier zu werden.*

Sir Compton Mackenzie

# Gepflegter Irrsinn – Drama in mehreren Akten

Draußen scheint die Sonne, aber es sind höchstens fünf Grad und ein scharfer Wind weht. Die Mitbewohnerin des Katers Fussel muss dringend eine E-Mail zu Ende schreiben. Fussel steht jedoch an der Balkontür und blickt sehnsüchtig nach draußen.
Miaaaauuuh, ich möchte raus! Das Wetter ist so wunderschön!
Die Mitbewohnerin versucht, durch Nichtbeachten Zeit zu schinden.
He, du! Ich muss sofort da raus! SONNE, SOMMER, ABENTEUER!
»Moment …«
Miauuu, oh, mein Katzengott! Wenn ich nicht auf der Stelle rauskomme, muss ich steeerben!!!
»Lass mich gerade noch schnell … es ist doch eh viel zu kalt, Fusselchen.«
Ist es nicht! Und nenn mich nicht Fusselchen!
Die Mitbewohnerin tippt weiter ungerührt ihre Mail.
Na gut, du hast es nicht anders gewollt.
»Fussel, komm sofort vom Vorhang runter!«

Geht doch. Gleich kommt sie.

»Seufz. Also gut, dann lass ich dich eben schnell raus.«

Fussel steckt den Kopf aus der Balkontür heraus, erwischt eine eiskalte Windböe, legt die Ohren an und flitzt rückwärts ins warme Wohnzimmer zurück.

»Haha, ich hab dir doch gesagt, dass es zu kalt ist.«

Die Mitbewohnerin schließt die Balkontür.

Der Kater betrachtet scheinbar unberührt ein Katzenspielzeug auf dem Boden.

Die Mitbewohnerin geht kichernd zurück an den Schreibtisch und wähnt sich schon als Siegerin.

Doch … eine Viertelstunde später:

Miaaaauuuh, ich möchte raus! Das Wetter ist so wunderschön!

Oder, um es mit dem amerikanischen Tierarzt und Autor Louis Camuti zu sagen:

»Die meisten Katzen möchten nach drinnen, wenn sie draußen sind, und vice versa – und meistens beides gleichzeitig.«

# Sei unvorhersehbar und unkonventionell

Seien wir ehrlich: Unsere geliebten Miezen verhalten sich zuweilen wirklich ein bisschen schräg, verrückt, bizarr, eigenartig, seltsam, etwas irrsinnig eben. Tatsächlich können Katzen ein unvorhersehbares Verhalten und plötzliche Stimmungswechsel an den Tag legen. Manchmal wirken sie dadurch etwas irrational auf uns Menschen, die wir in allem eine zugrundeliegende Logik suchen.

Gerade junge Katzen sind sehr verspielt, springen über Möbel und jagen nach einer vermeintlichen Beute, wobei diese oft nur in ihrer Vorstellung existiert. Auch die nachtaktive Seite unserer Miezen mit Klagelauten in lauen Vollmondnächten erscheint uns reichlich verrückt.

Und wer hat nicht schon eine Blessur erlitten, weil sein Liebling sich unvorhersehbar vom Schmusetiger in eine Kratzbürste verwandelte?

Doch sind es nicht gerade ihre geheimnisvolle Aura, ihre Rätselhaftigkeit und ihr unkonventionelles Verhalten, welche die Katze zu einzigartigen Begleitern machen?

*Ein bisschen verrückt zu sein, kann auch unser Leben auf-*
*regender und lebendiger gestalten:*

- Das Ausleben von irrationalen Verhaltensweisen kann dazu beitragen, Stress abzubauen.

- Unkonventionelles Denken eröffnet neue Perspektiven und beflügelt die Kreativität.

- Indem man sich erlaubt, ein wenig seltsam zu sein, stärkt man seinen Selbstausdruck und seine Individualität.

- Wenn man auch mal eigenartige Dinge tut, kann man seine Lebensfreude steigern.

- Noch besser, als allein verrückt zu sein, ist es, mit anderen komische Dinge zu tun. Neben dem gemeinsamen Spaß kann man so auch noch Freundschaften vertiefen.

# Doppelleben

Der Fall eines Katers am Stadtrand von Wien zeigt, dass Katzen oft ihren eigenen Kopf haben: Als dieser die Diagnose Diabetes bekam, legte ihm seine Katzenbegleiterin ein Halsband um und schrieb ihre Telefonnummer darauf. Außerdem verband sie dies mit der dringenden Bitte, den Kater auf keinen Fall zu füttern, da er ein spezielles Futter ohne Kohlenhydrate brauchte, was eigentlich auch für gesunde Katzen selbstverständlich sein sollte.

Prompt riefen nacheinander vier ältere Damen an, bei denen der Kater schon seit Langem ein und aus ging. Niemand außer dem gewitzten Tier selbst wusste, dass es an fünf Orten gleichzeitig wohnte. Er lebte also, genau genommen, kein Doppel-, sondern ein Quintuple-Leben.

# Komik nach Katzenart

Humor und Ironie sind komplexe kognitive Fähigkeiten, die auf sozialer Interaktion und menschlichen Erfahrungen beruhen. Da Katzen nicht über
die gleiche geistige Wahrnehmung wie wir Menschen verfügen, wird oft angenommen, dass sie keinen echten Humor haben. Dennoch haben Katzen
durchaus ein Gespür für Komik, auch wenn sie diese
nicht genauso äußern wie wir. Sie drückt sich eher in
unerwarteten Reaktionen, spielerischen Aktivitäten
oder ihrem gelegentlichen Anflug von Größenwahn
aus.

Meiner Meinung nach
ist in der Tierwelt nichts so schön
wie eine erwachsene Katze, die spielt.
Sie sind so schnell, leicht und
graziös, so subtil und raffiniert
und doch so durch und
durch komisch.

Monica Edwards

*Wir haben unsere Katze* Mira unter vier wunderschönen Kitten ausgesucht, weil sie die lustigste unter ihren Geschwistern war: Manchmal schlich sie sich von hinten an ihre Mama an, tippte ihr mit der Tatze auf den Hintern und rannte dann schnell weg. Es schien wirklich so, als ob sie sich danach köstlich darüber amüsierte, dass die verdutzte Katzenmama den Angreifer nicht gleich ausfindig machen konnte. Letztendlich bleibt die Frage nach dem Humor bei Katzen aber offen für Interpretationen. Zumindest wird jeder Katzenfreund bestätigen, dass sein Tier sich zuweilen recht eigenwillig und seltsam aufführt und dadurch eine Menge Unterhaltung in sein Leben bringt.

*Durch ihre komischen Aktionen zeigen uns unsere pelzigen Freunde unmittelbar, dass Humor zu einem gelungenen Leben einfach dazugehört.*

*Knut,* der geliebte Kater meiner Kindheit, zeichnete sich durch eine besondere Gewitztheit aus. Liebend gern hielt er im Ehebett meiner Eltern sein Nickerchen ab, was verständlicherweise auf wenig Gegenliebe stieß. Wer möchte schon Katzenhaare auf seiner Bettdecke vorfinden? Demzufolge wurde der prächtige Tigerkater von seinem Lieblingsplatz verbannt und die Schlafzimmertür fest verschlossen. An einem schönen Sommertag entdeckte meine Mutter Knut dennoch gemütlich schlummernd auf ihrem Bett. Wie war das möglich? Die Tür zum Schlafzimmer war eindeutig geschlossen.

Der Kater hatte sich einfach die Haustür öffnen lassen und war ums Haus herumspaziert. Dann war er locker durch das offene Schlafzimmerfenster wieder hereingesprungen und hatte es sich, wie gewohnt, auf dem Ehebett bequem gemacht.

Knut durfte an diesem Tag ausnahmsweise auf seinem Lieblingsplatz bleiben.

*Katzenartige Gewitztheit*
*kann also dabei helfen, seine Ziele*
*auf humorvolle Weise zu erreichen.*

## Darüber hinaus kann auch das Lachen über die komischen Verhaltensweisen von Katzen viele positive Effekte auf Körper und Geist haben:

- Stressabbau: Beim Lachen über unsere lustigen Miezen werden Endorphine produziert, die als natürliche Stressabbauhormone wirken.

- Stärkung: Studien haben gezeigt, dass regelmäßiges Lachen die Immunabwehr verbessert.

- Lebensfreude: Unsere amüsanten Stubentiger zu beobachten, kann Glückshormone freisetzen.

- Bindungen: Das Teilen von humorvollen Erlebnissen mit komischen Katzen hilft dabei, zwischenmenschliche Beziehungen zu vertiefen.

- Kreativität: Unkonventionelles Verhalten kann uns zu neuen Denkweisen inspirieren..

# Ich rieche was, was du nicht riechst

Kater Oscar wuchs in einem Pflegeheim in Rhode Island auf. Dort werden Patienten mit Alzheimer, Parkinson und anderen Krankheiten betreut. Nach einiger Zeit fiel den Pflegerinnen auf, dass der Kater, genau wie sie und die Ärzte, Visiten durch das Heim machte.

Er schnupperte an den Bewohnern und legte sich dann neben diejenigen, die bald sterben mussten. Meist waren seine Vorhersagen richtig, einmal übertraf er sogar die Prognose eines Arztes. Manche Angehörige mochten dies nicht und verbannten den Kater, der seine Arbeit sehr gewissenhaft ausführte, vor die Tür. Dort lief er dann unruhig auf und ab und maunzte kläglich. Für viele Angehörige war es jedoch tröstlich, dass Oscar ihrem sterbenden Familienmitglied Gesellschaft leistete. Ansonsten blieb der Kater zu Menschen lieber auf Distanz.

Hatte Oscar tatsächlich übersinnliche Fähigkeiten oder einfach nur eine besonders gute Nase?

*In alten Zeiten wurden Katzen als Götter verehrt.*
*Das haben sie nicht vergessen.*

Terry Pratchett

# Haben Katzen einen siebten Sinn?

Die geheimnisvolle Aura der Katzen hat Menschen seit jeher dazu veranlasst, mehr in ihnen zu sehen als nur einfache Lebewesen. Im Buddhismus sind die Tiere gleichbedeutend mit Spiritualität. Die japanische Kultur betrachtet die Samtpfoten als Glücksbringer. In der ägyptischen Mythologie wurde gar eine Göttin namens Bastet als Katze dargestellt. Viele Menschen sind ohnehin davon überzeugt, dass ihre Samtpfoten über einen »siebten Sinn« verfügen. Wissenschaftliche Beweise dafür gibt es nicht. Und dennoch: In der durch einen Vulkanausbruch zerstörten römischen Stadt Pompeji fand man kein einziges Katzenskelett. Auch vor dem Tsunami 2004 in Südostasien flüchteten sämtliche Katzen ins Landesinnere. Wie war das möglich?

Katzen spüren durch ihre Barthaare und feinste Pfotenhaare kleinste Schwingungen, die Naturkatastrophen ankündigen, und wissen dann instinktiv, was zu tun ist. Wir sollten also sehr genau darauf achten, wenn unsere Stubentiger unruhig werden …

Haben Sie auch schon manchmal an eine bestimmte Person gedacht, und genau in diesem Moment meldete sie sich? Auch Katzen sollen oft vorausahnen, wann ihre Menschen nach Hause kommen. Unser Kater Bruno schien zu wissen, wann meine Eltern mit leckerem Huhn im Gepäck zu Besuch kamen, und fraß vorher nichts.

Obwohl die übersinnlichen Fähigkeiten von Katzen nicht erwiesen sind, gibt es viele Menschen, die eine tiefe Verbindung zu ihrem Tier spüren oder sie gar als spirituelle Begleiter betrachten.

*Auch wir können unsere Intuition stärken, indem wir mehr auf uns und unsere Umgebung vertrauen, unseren Träumen verstärkt Aufmerksamkeit schenken und durch Meditation oder kreative Tätigkeiten einen neuen Zugang zu unserem siebten Sinn finden.*

*Für das Amt* des US-Präsidenten trat im Jahr 2016 ein Kater namens Limberbutt mit dem Slogan »The Time Is Meow« an. Seine Kandidatur für die Demo-cats wurde von 12 000 Menschen unterstützt. Limberbutt schaffte es immerhin bis zur Anmeldung bei der Bundeskommission zur Wahlkampffinanzierung, doch letztlich wurde er nicht zur Wahl zugelassen. Dies hing wohl mit seinem Alter zusammen, denn ein Kandidat muss laut Verfassung mindestens 35 Jahre alt sein, Limberbutt war 2016 jedoch erst sieben. Katzenjahre zählten offenbar nicht.

Ins Oval Office zog dann ein gewisser Herr Trump ein. Wie stünde die Welt heute da, wenn stattdessen ein Katzen-Präsident den Lauf der Geschichte bestimmt hätte?

## Vermutlich wären wir alle deutlich entspannter.

# Lehrmeister der Lebenskunst

Diese Episode hebt treffend hervor, dass Katzen von uns Menschen sehr viel Bedeutung beigemessen wird. Wir bewundern sie für ihre Freiheitsliebe und zugleich ihre Hinwendung zu uns, ihre Fähigkeit zu Genuss, Komfort und Selbstliebe, ihre Sanftheit und witzige Verspieltheit, ihre erstaunliche Gelassenheit und Geduld.

Gerade weil sie uns in Teilen ihres Charakters wohl immer ein Rätsel bleiben werden, sind Katzen faszinierende Wesen, die uns wichtige Lektionen über das Leben beibringen können. Wir müssen nichts weiter dafür tun, als unser Augenmerk auf sie zu richten und alle Sinne offen zu halten.

*Schließlich sind unsere pelzigen Freunde die wahren Lehrmeister in der Kunst des guten Lebens!*

*Und nun der Vollständigkeit halber noch zehn Dinge, die wir von Katzen nicht lernen können ( oder sollten ):*

- Durch die engsten Stellen kriechen und dort stecken bleiben.

- Fünfmal höher springen als die eigene Körpergröße.

- Herunterfallen und fast immer auf allen vier Pfoten landen.

- Sich reinigen ohne zusätzliche Utensilien.

- Auf die höchsten Baumwipfel klettern und dort kläglich jammern.

- Mäuse auch im Dunkeln sehen.

- Sich so geschmeidig bewegen wie eine … äh, Katze.

- Vögel im Flug schnappen.

- Den Geruch einer Fliege an der Decke riechen.

- Selbst im Schlaf hellwach sein.

## Über die Autorin

Astrid Göpfrich lebt als freie Autorin in der Nähe von Freiburg und veröffentlicht Romane für Erwachsene und Kinder. Zuvor arbeitete sie als Kulturmanagerin, in der Erwachsenenbildung und als Regisseurin und Autorin von Hörproduktionen.

Katzen aller Art haben sie schon ihr ganzes Leben begleitet: scheue, anhängliche, stolze, unabhängige, verspielte, sanftmütige und verschmuste. Zu Letzteren gehört ihre Katze, wie schon erwähnt, leider nicht. Dafür hat Mira eine besonders schöne Fellzeichnung, als ob sie damit sagen wollte: Mein Herz schenke ich euch trotzdem!

In einigen Fällen war es nicht möglich, für den Abdruck der Texte die Rechteinhaber:innen zu ermitteln. Honoraransprüche der Autor:innen, Verlage und ihrer Rechtsnachfolger:innen bleiben gewahrt.

Die in diesem Produkt gewählten geschlechtlichen Formen beziehen sich immer zugleich auf weibliche, männliche und diverse Personen, denn natürlich sollen unsere Bücher allen Menschen Freude bringen.

© 2024 arsEdition GmbH, Friedrichstr. 9, D-80801 München
Alle Rechte vorbehalten.

Covermotiv: Toni Hamm
Layout und Illustrationen Innenteil: Toni Hamm; www.tonihamm.com
Text: Astrid Göpfrich

Wir behalten uns die Nutzung unserer Inhalte für Text und Data Mining im Sinne von § 44b UrhG ausdrücklich vor.

ISBN 978-3-8458-6036-7
www.arsedition.de

FSC
www.fsc.org

MIX
Papier | Fördert
gute Waldnutzung
FSC® C002795